Impressum
Verlag: BABADADA GmbH, Nedderfeld 112 , 22529 Hamburg
Geschäftsführer / Verlagsleitung: Harald Hof
Druck: Books on Demand GmbH, In de Tarpen 42, 22848 Norderstedt

Imprint
Publisher: BABADADA GmbH, Nedderfeld 112 , 22529 Hamburg, Germany
Managing Director / Publishing direction: Harald Hof
Print: Books on Demand GmbH, In de Tarpen 42, 22848 Norderstedt

skola
el colegio

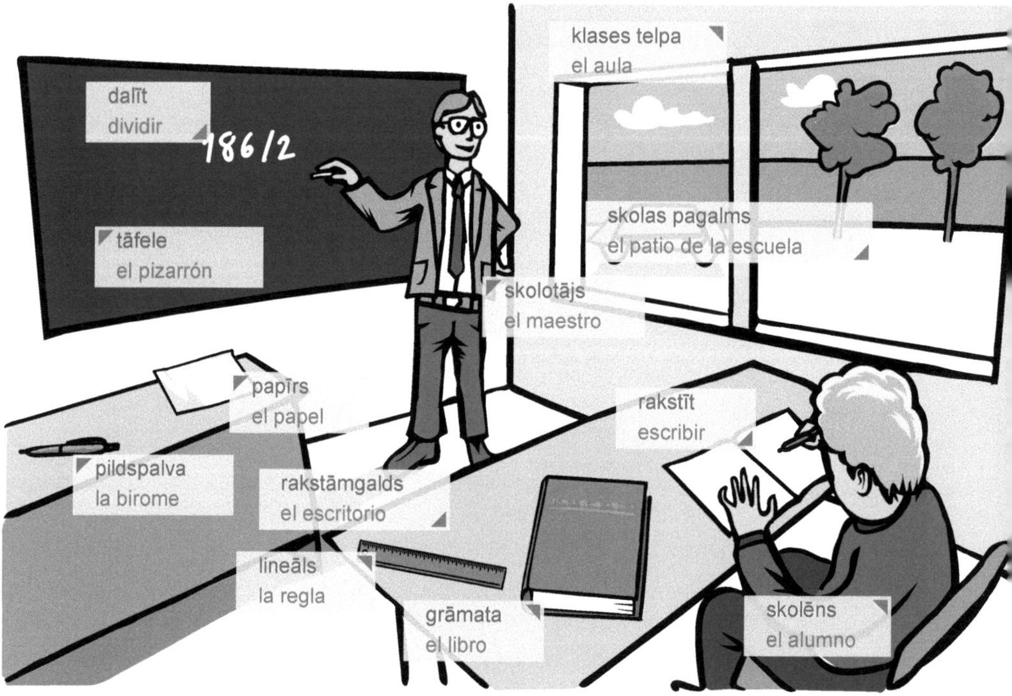
klases telpa
el aula
dalīt
dividir
186/2
tāfele
el pizarrón
skolas pagalms
el patio de la escuela
skolotājs
el maestro
papīrs
el papel
rakstīt
escribir
pildspalva
la birome
rakstāmgalds
el escritorio
lineāls
la regla
grāmata
el libro
skolēns
el alumno

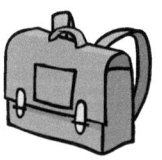

skolas soma

la mochila

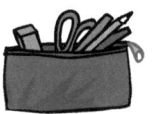

penālis

la caja de lápices

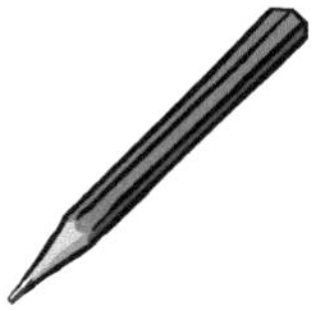

zīmulis

el lápiz

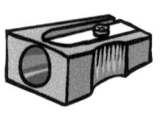

zīmuļu asināmais

el sacapuntas

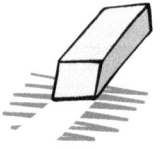

dzēšgumija

la goma (de borrar)

zīmēšanas bloks

el bloc de dibujo

zīmējums
el dibujo

ota
el pincel

krāsas
la caja de pinturas

šķēres
la tijera

līme
el pegamento

darba burtnīca
el cuaderno de ejercicios

mājas darbs
la tarea

12

skaitlis
el número

2+2

saskaitīt
sumar

5−2

atņemt
restar

2×2

reizināt
multiplicar

rēķināt
calcular

A

burts
la letra

ABCDEFG HIJKLMN OPQRSTU VWXYZ

alfabēts
el abecedario

hello

vārds
la palabra

teksts
el texto

lasīt
leer

krīts
la tiza

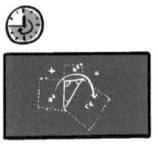

mācību stunda
la lección

žurnāls
el cuaderno de clase

eksāmens
el examen

liecība
el certificado

skolas forma
el uniforme escolar

izglītība
la educación

enciklopēdija
la enciclopedia

universitāte
la universidad

mikroskops
el microscopio

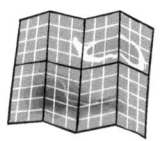

karte
el mapa

papīrgrozs
el tacho (de basura)

4

skola - el colegio

ceļojums
el viaje

viesnīca
el hotel
Grand
hostelis
el hostel
ROOMS
EXCHANGE
valūtas maiņas punkts
la casa de cambio
čemodāns
la valija
automašīna
el auto

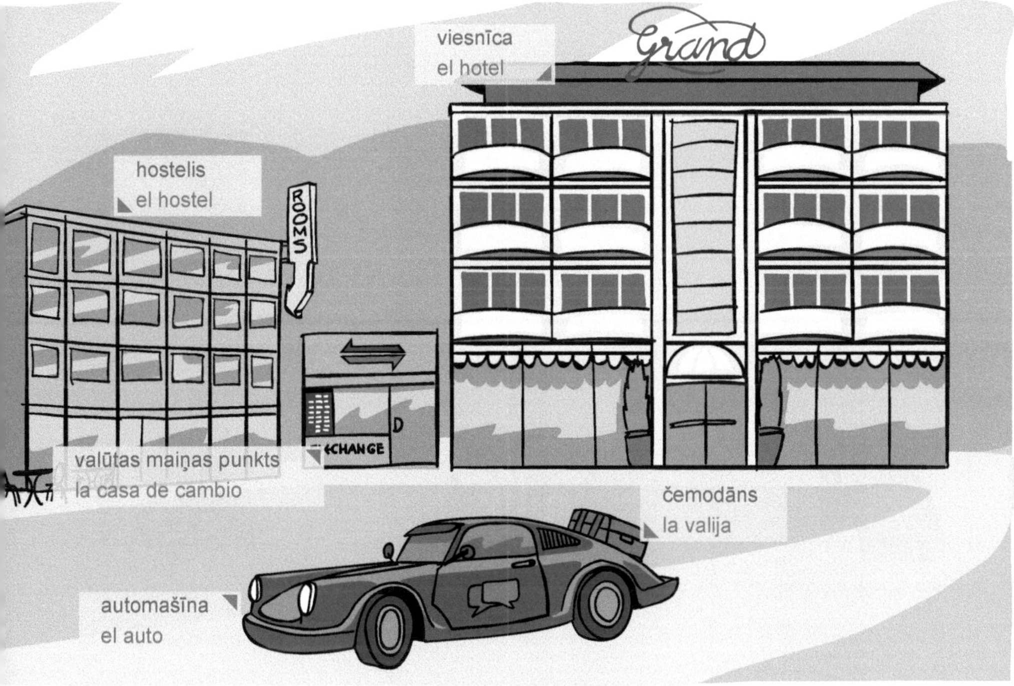

Valoda

el idioma

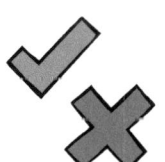

jā / nē

sí / no

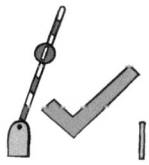

Okay

Está bien

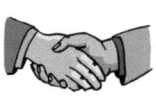

Sveiki!

hola

tulks

el traductor

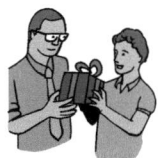

paldies

Gracias

Cik maksā…?

¿cuánto cuesta…?

Es nesaprotu

No entiendo

problēma

el problema

Labvakar!

¡Buenas tardes!

Labrīt!

¡Buenos días!

Ar labu nakti!

¡Buenas noches!

Uz redzēšanos

el adiós

virziens

la dirección

bagāža

el equipaje

soma

el bolso

mugursoma

la mochila

viesis

el invitado

istaba

la habitación

guļammaiss

la bolsa de dormir

telts

la carpa

tūrisma informācija

la información turística

pludmale

la playa

kredītkarte

la tarjeta de crédito

brokastis

el desayuno

pusdienas

el almuerzo

vakariņas

la cena

biļete

el pasaje

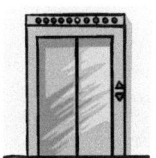

lifts

el ascensor

pastmarka

el sello

robeža

la frontera

muita

la aduana

vēstniecība

la embajada

vīza

la visa

pase

el pasaporte

transports
el transporte

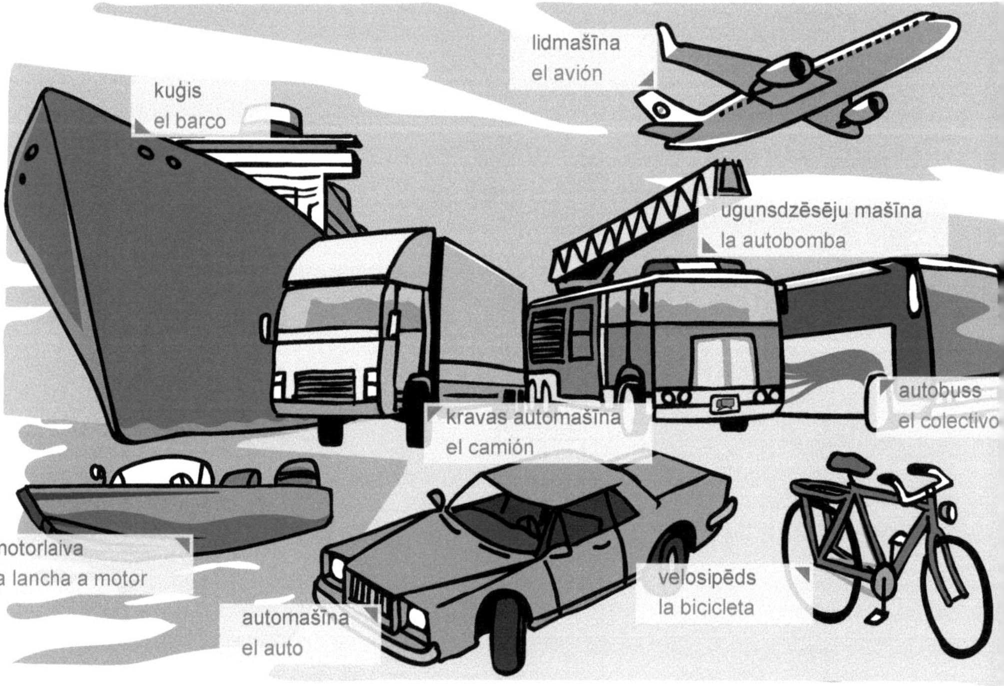

lidmašīna
el avión
kuģis
el barco
ugunsdzēsēju mašīna
la autobomba
autobuss
el colectivo
kravas automašīna
el camión
motorlaiva
la lancha a motor
velosipēds
la bicicleta
automašīna
el auto

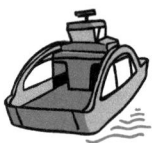

prāmis

el ferry

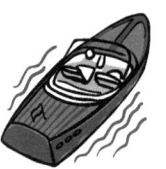

laiva

el bote

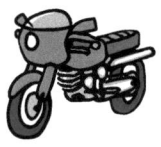

motocikls

la moto

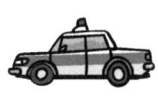

policijas automašīna

el patrullero

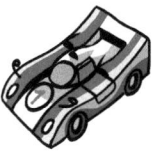

sacīkšu automobilis

el auto de carreras

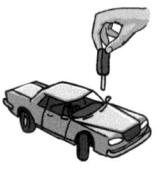

nomas auto

el auto de alquiler

auto koplietošana
el alquiler de autos

evakuators
la grúa

atkritumu mašīna
el camión de la basura

dzinējs
el motor

benzīns
la nafta

degvielas uzpildes stacija
la estación de servicio

ceļa zīme
la señal de tránsito

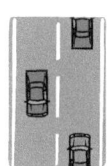

satiksme
el tránsito

sastrēgums
el embotellamiento

stāvvieta
el estacionamiento

dzelzceļa stacija
la estación de tren

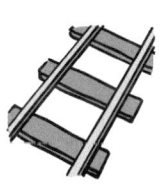

sliedes
las vías

vilciens
el tren

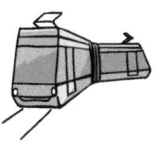

tramvajs
el tranvía

vagons
el vagón

helikopters
el helicóptero

lidosta
el aeropuerto

tornis
la torre

pasažieris
el pasajero

konteiners
el contenedor

kaste
la caja de cartón

ratiņi
la carretilla

grozs
la canasta

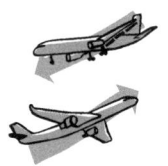

pacelties / nosēsties
despegar / aterrizar

pilsēta
la ciudad

ciems
el pueblo

pilsētas centrs
el centro de la ciudad

māja
la casa

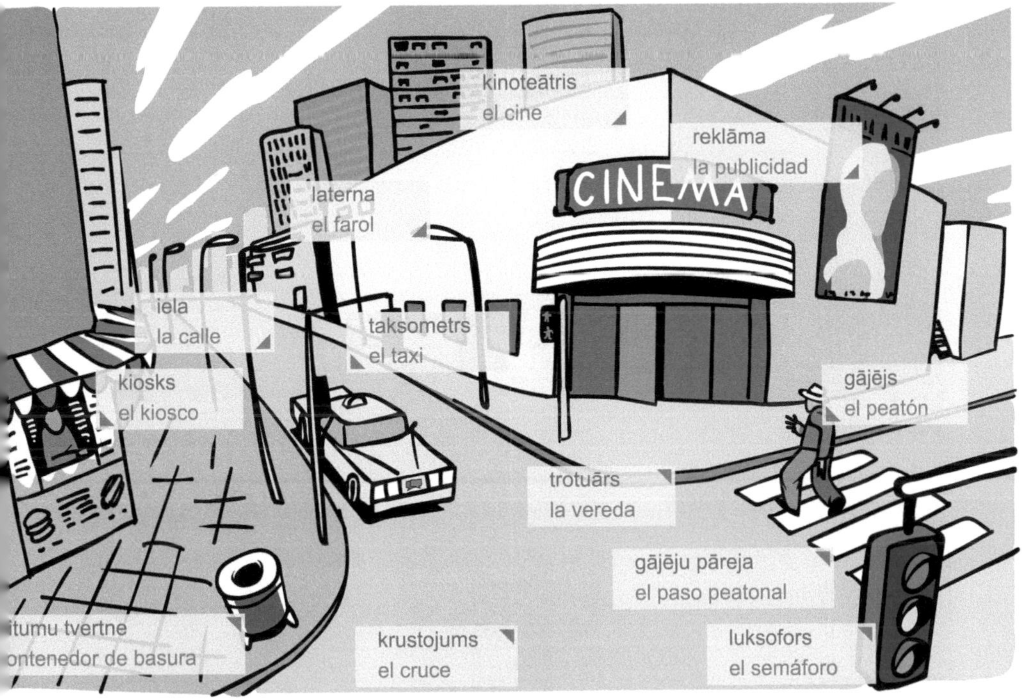

kinoteātris
el cine
reklāma
la publicidad
CINEMA
laterna
el farol
iela
la calle
taksometrs
el taxi
kiosks
el kiosco
gājējs
el peatón
trotuārs
la vereda
gājēju pāreja
el paso peatonal
itumu tvertne
ontenedor de basura
krustojums
el cruce
luksofors
el semáforo

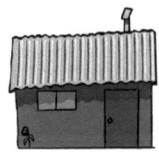

būda

la cabaña

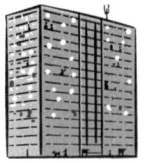

dzīvoklis

el departamento

dzelzceļa stacija

la estación de tren

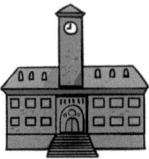

rātsnams

la municipalidad

MUSEUM

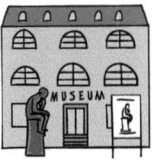

muzejs

el museo

skola

el colegio

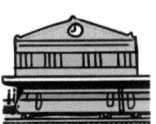

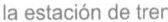

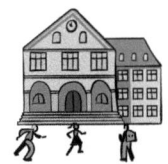

universitāte

la universidad

banka

el banco

slimnīca

el hospital

viesnīca

el hotel

aptieka

la farmacia

birojs

la oficina

grāmatnīca

la librería

veikals

el negocio

ziedu veikals

la florería

lielveikals

el supermercado

tirgus

el mercado

tirdzniecības centrs

las grandes tiendas

zivju tirgotājs

la pescadería

tirdzniecības centrs

el centro comercial

osta

el puerto

parks
el parque

sols
el banco

tilts
el puente

kāpnes
las escaleras

metro
el subte

tunelis
el túnel

autobusa pieturvieta
la parada del colectivo

bārs
el bar

restorāns
el restaurante

pastkastīte
el buzón

ielas nosaukuma plāksne
el letrero

stāvlaika skaitītājs
el parquímetro

zooloģiskais dārzs
el zoológico

peldbaseins
la pileta

mošeja
la mezquita

zemnieku saimniecība
la granja

vides piesārņojums
la contaminación

kapsēta
el cementerio

baznīca
la iglesia

spēļu laukums
los juegos infantiles

templis
el templo

ainava
el paisaje

lapa
la hoja

ceļrādis
el poste indicador

ceļš
el camino

pļava
la pradera

akmens
la piedra

celotājs
el excursionista

koks
el árbol

upe
el río

zāle
la hierba

puķe
la flor

ieleja
el valle

kalns
la montaña

ezers
el lago

mežs
el bosque

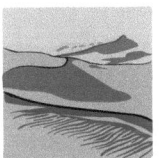

tuksnesis
el desierto

vulkāns
el volcán

pils
el castillo

varavīksne
el arco iris

sēne
el champiñón

palma
la palmera

moskīts
el mosquito

muša
la mosca

skudra
la hormiga

bite
la abeja

zirneklis
la araña

vabole

el escarabajo

varde

la rana

vāvere

la ardilla

ezis

el erizo

zaķis

la liebre

pūce

la lechuza

putns

el pájaro

gulbis

el cisne

meža cūka

el jabalí

briedis

el ciervo

alnis

el alce

aizsprosts

la presa

vēja ģenerators

el aerogenerador

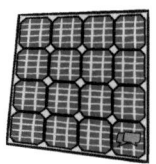

saules baterija

el panel solar

klimats

el clima

restorāns

el restaurante

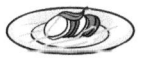

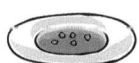

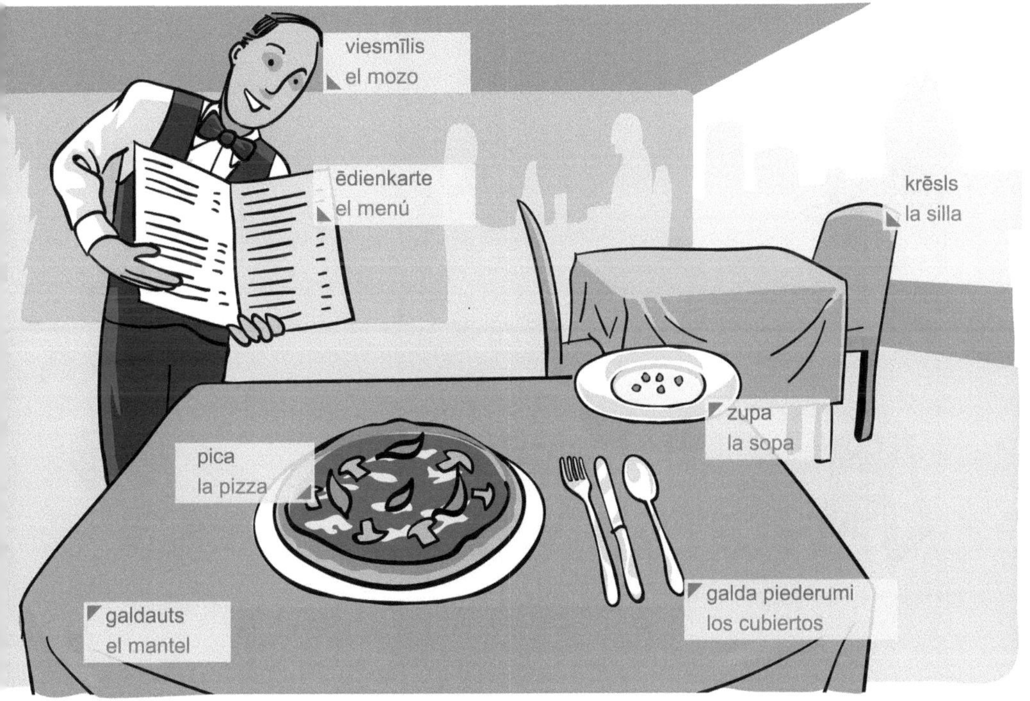

viesmīlis
el mozo
ēdienkarte
el menú
krēsls
la silla
zupa
la sopa
pica
la pizza
galdauts
el mantel
galda piederumi
los cubiertos

uzkoda

la entrada

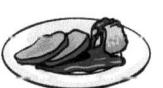

pamatēdiens

el plato principal

deserts

el postre

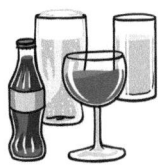

dzērieni

las bebidas

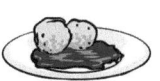

ēdiens

la comida

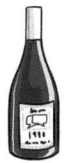

pudele

la botella

ātrās uzkodas

la comida rápida

ielu uzkodas

la comida callejera

tējkanna

la tetera

cukurtrauks

la azucarera

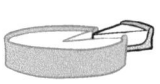

porcija

la porción

espresso kafijas automāts

la cafetera expreso

bāra krēsls

la sillita alta

rēķins

la cuenta

paplāte

la bandeja

nazis

el cuchillo

dakša

el tenedor

karote

la cuchara

tējkarote

la cucharita

salvete

la servilleta

glāze

el vaso

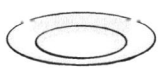

šķīvis
el plato

zupas šķīvis
el plato hondo

apakštase
el plato

mērce
la salsa

sāls trauciņš
el salero

piparu dzirnaviņas
el molinillo de pimienta

etiķis
el vinagre

eļļa
el aceite

garšvielas
las especias

kečups
el kétchup

sinepes
la mostaza

majonēze
la mayonesa

lielveikals
el supermercado

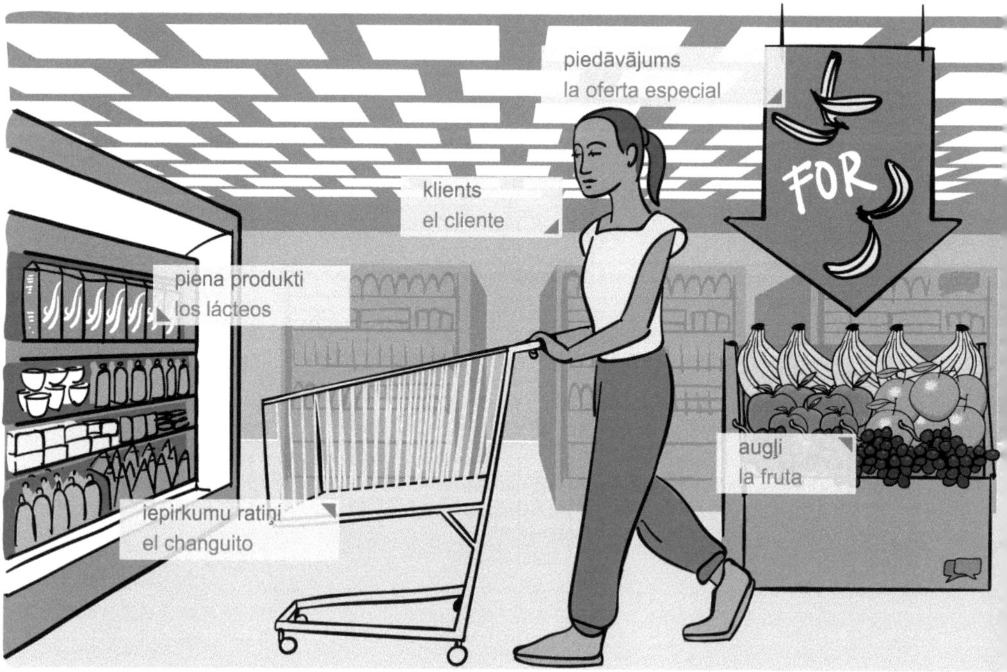

piedāvājums
la oferta especial
klients
el cliente
piena produkti
los lácteos
augļi
la fruta
iepirkumu ratiņi
el changuito
FOR

BUTCHERS

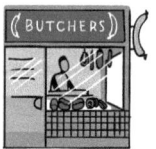

kautuve

la carnicería

BAKERY

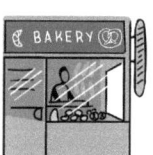

maizes veikals

la panadería

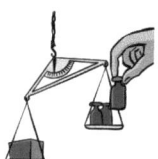

svērt

pesar

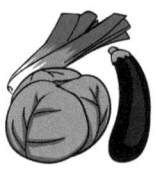

dārzeņi

las verduras

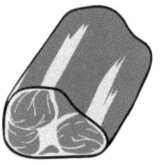

gaļa

la carne

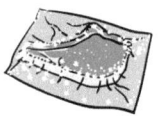

saldēti produkti

los alimentos congelados

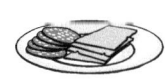

aukstās gaļas uzkodas
los fiambres

konservi
los alimentos enlatados

pulveris
el detergente en polvo

saldumi
las golosinas

mājsaimniecības preces
los electrodomésticos

tīrīšanas līdzeklis
los productos de limpieza

pārdevēja
la vendedora

kase
la caja

kasieris
el cajero

iepirkumu saraksts
la lista de compras

darba laiks
el horario de atención

maks
la billetera

kredītkarte
la tarjeta de crédito

soma
la cartera

maisiņš
la bolsa de plástico

ūdens

el agua

sula

el jugo

piens

la leche

kola

la bebida cola

vīns

el vino

alus

la cerveza

alkohols

el alcohol

kakao

el cacao

tēja

el té

kafija

el café

espresso

el café expreso

kapučīno

el cappuccino

banāns
la banana

ābols
la manzana

apelsīns
la naranja

melone
el melón

citrons
el limón

burkāns
la zanahoria

ķiploks
el ajo

bambuss
el bambú

sīpols
la cebolla

sēne
el champiñón

rieksti
las nueces

makaroni
los fideos

spageti

los tallarines

rīsi

el arroz

salāti

la ensalada

frī kartupeļi

las papas fritas

cepti kartupeļi

las papas fritas

pica

la pizza

hamburgers

la hamburguesa

sviestmaize

el sándwich

šnicele

el churrasco

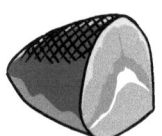

šķiņķis

el jamón

salami

el salame

desa

la salchicha

vista

el pollo

cepetis

el asado

zivs

el pescado

auzu pārslas
los copos de avena

muslis
el muesli

brokastu pārslas
los copos de maíz

milti
la harina

radziņš
la medialuna

brokastu maizītes
el pancito

maize
el pan

tostermaize
la tostada

cepumi
las galletitas

sviests
la manteca

biezpiens
la cuajada

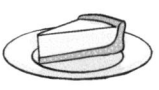

kūka
la torta

ola
el huevo

cepta ola
el huevo frito

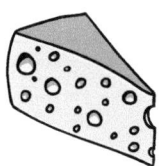

siers
el queso

ēdiens - la comida

saldējums

el helado

cukurs

el azúcar

medus

la miel

marmelāde

la mermelada

riekstu krēms

la pasta de chocolate

karijs

el curry

zemnieku saimniecība
la granja

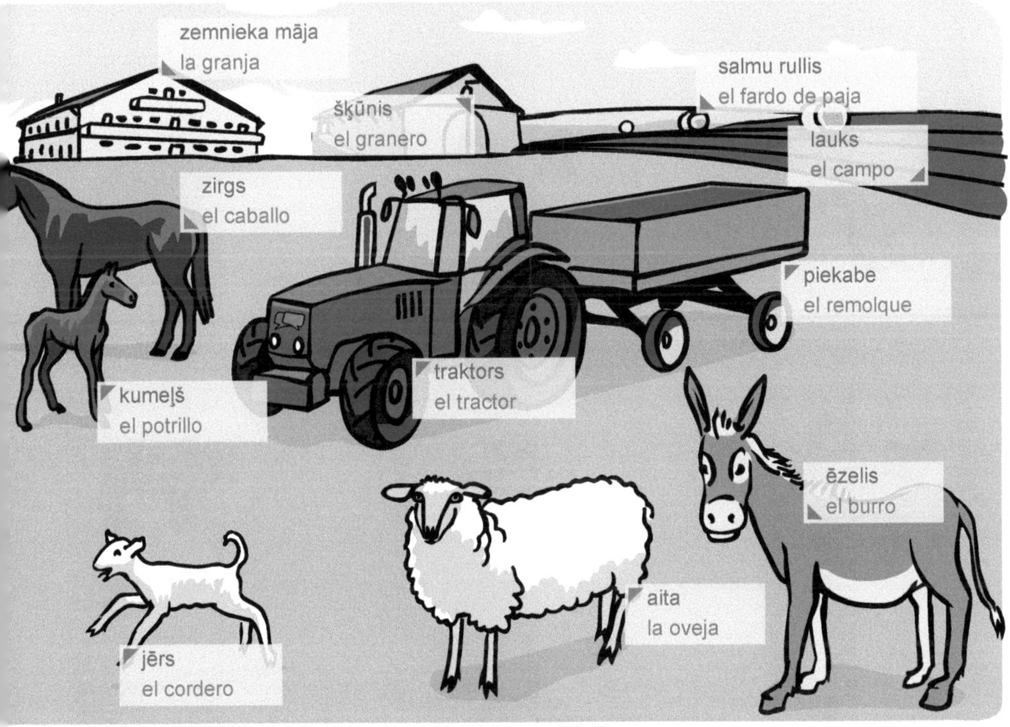

zemnieka māja
la granja
šķūnis
el granero
salmu rullis
el fardo de paja
lauks
el campo
zirgs
el caballo
piekabe
el remolque
traktors
el tractor
kumeļš
el potrillo
ēzelis
el burro
aita
la oveja
jērs
el cordero

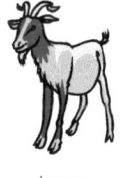

kaza
la cabra

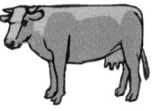

govs
la vaca

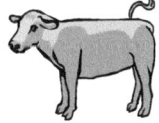

teļš
el ternero

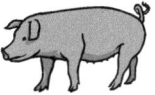

cūka
el cerdo

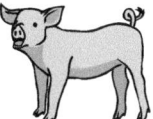

sivēns
el lechón

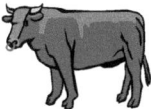

bullis
el toro

zoss

el ganso

pīle

el pato

cālis

el pollo

vista

la gallina

gailis

el gallo

žurka

la rata

kaķis

el gato

pele

el ratón

vērsis

el buey

suns

el perro

suņa būda

la cucha

dārza šļūtene

la manguera

lejkanna

la regadera

izkapts

la guadaña

arkls

el arado

sirpis
la hoz

kaplis
la azada

mēslu dakša
la horquilla

cirvis
el hacha

ķerra
la carretilla

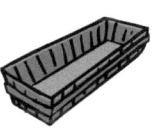

sile
el abrevadero

piena kanna
la lechera

maiss
la bolsa

žogs
la reja

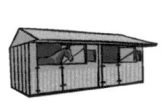

kūts
el establo

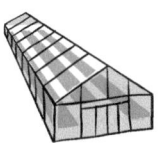

siltumnīca
el invernadero

augsne
el suelo

sēklas
la semilla

mēslojums
el fertilizador

kombains
la cosechadora

novākt ražu

cosechar

raža

la cosecha

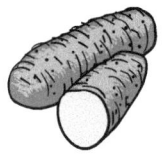

jamss

las batatas

kvieši

el trigo

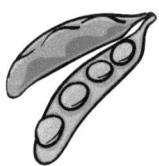

soja

la soja

kartupelis

la papa

kukurūza

el maíz

rapsis

la semilla de colza

augļu koks

el árbol frutal

manioka

la mandioca

labība

los cereales

māja
la casa

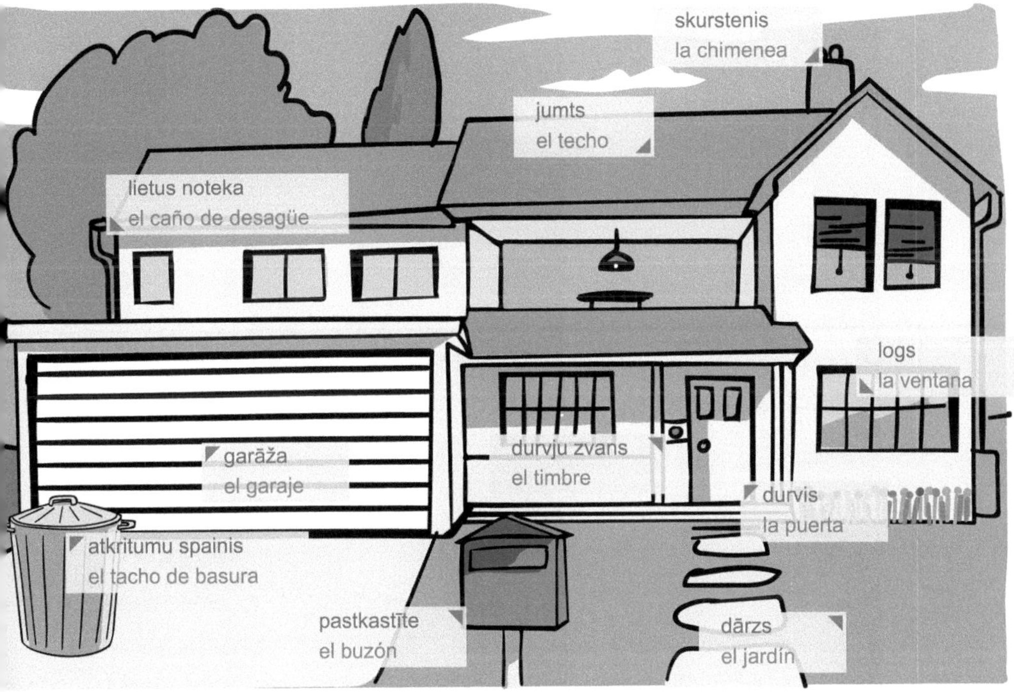
skurstenis
la chimenea
jumts
el techo
lietus noteka
el caño de desagüe
logs
la ventana
garāža
el garaje
durvju zvans
el timbre
durvis
la puerta
atkritumu spainis
el tacho de basura
pastkastīte
el buzón
dārzs
el jardín

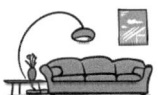

viesistaba

el living

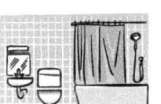

vannas istaba

el baño

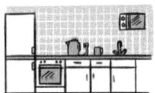

virtuve

la cocina

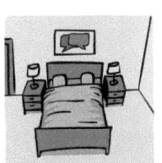

guļamistaba

el dormitorio

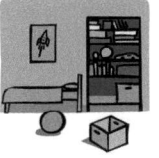

bērnu istaba

el cuarto de los chicos

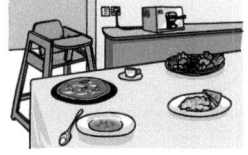

ēdamistaba

el comedor

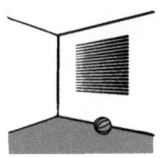

grīda
el piso

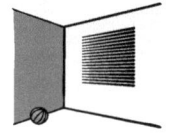

siena
la pared

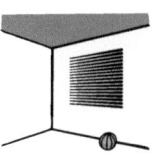

griesti
el cielorraso

pagrabs
el sótano

sauna
el sauna

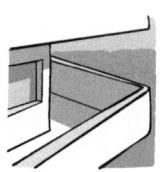

balkons
el balcón

terase
la terraza

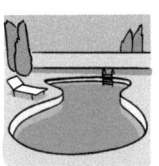

baseins
la pileta

zāles pļāvējs
la cortadora de pasto

gultas veļa
la sábana

sega
el acolchado

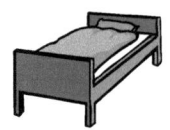

gulta
la cama

slota
la escoba

spainis
el balde

slēdzis
el interruptor

viesistaba
el living

tapetes
el empapelado
attēls
la imagen
lampa
la lámpara
plaukts
el estante
skapis
el armario
televizors
la televisión
kamīns
la chimenea
puķe
la flor
spilvens
el almohadón
dīvāns
el sofá
vāze
el florero
tālvadības pults
el control remoto

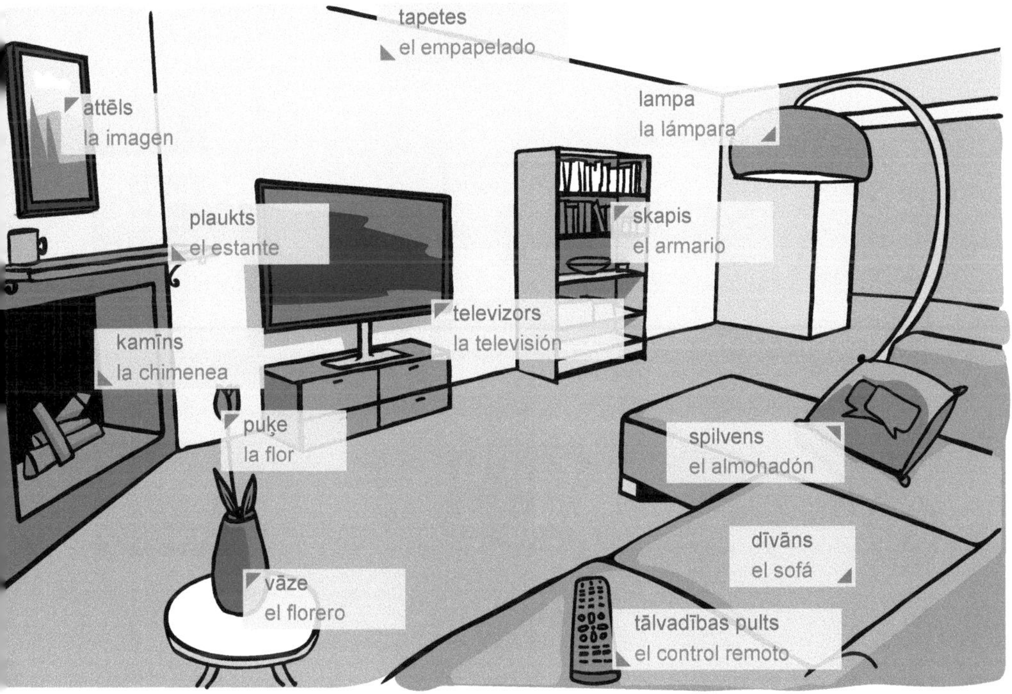

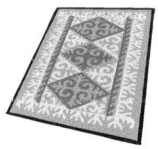

paklājs

la alfombra

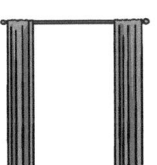

aizkars

la cortina

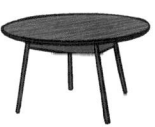

galds

la mesa

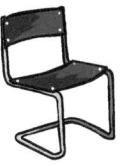

krēsls

la silla

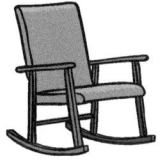

šūpuļkrēsls

la mecedora

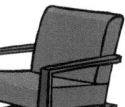

atpūtas krēsls

el sillón

grāmata

el libro

sega

la frazada

dekorācija

la decoración

malka

la leña

filma

la película

mūzikas centrs

el equipo de música

atslēga

la llave

avīze

el diario

glezna

la pintura

plakāts

el póster

radio

la radio

pierakstu blociņš

el cuaderno

putekļu sūcējs

la aspiradora

kaktuss

el cactus

svece

la vela

virtuve
la cocina

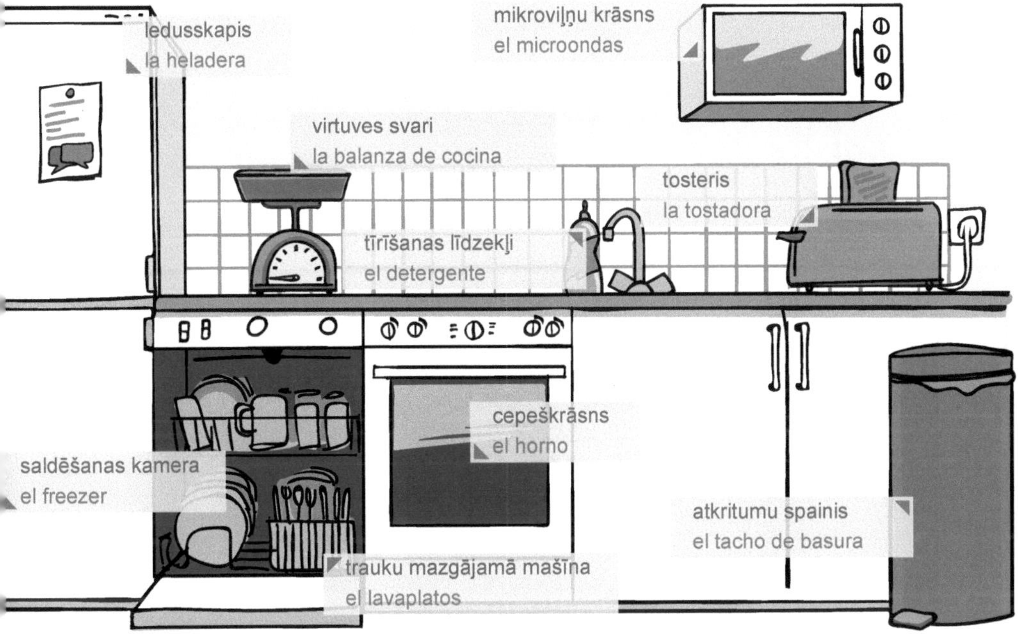

ledusskapis
la heladera
mikroviļņu krāsns
el microondas
virtuves svari
la balanza de cocina
tosteris
la tostadora
tīrīšanas līdzekļi
el detergente
cepeškrāsns
el horno
saldēšanas kamera
el freezer
atkritumu spainis
el tacho de basura
trauku mazgājamā mašīna
el lavaplatos

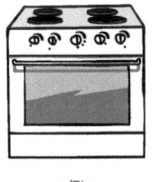

plīts
....
la cocina

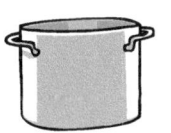

pods
....
la olla

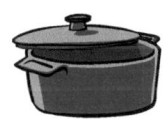

katls
....
la olla de hierro fundido

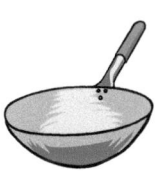

Wok panna
....
el wok

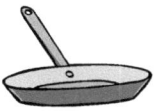

panna
....
la sartén

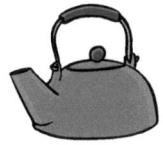

elektriskā tējkanna
....
la pava

tvaika katls

la vaporera

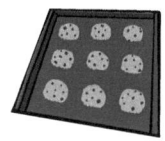

cepešpanna

la bandeja de horno

trauki

la vajilla

krūze

la taza

bļoda

el bol

irbulīši

los palitos

kauss

el cucharón

lāpstiņa

la espátula

putošanas slotiņa

la batidora

sietiņš

el colador

siets

el colador

rīve

el rallador

piesta

el mortero

grilēt

la parrilla

atklāts pavards

la fogata

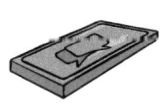

dēlis

la tabla de picar

mīklas rullis

el palo de amasar

korķu viļķis

el sacacorchos

bundža

la lata

konservu nazis

el abrelatas

virtuves cimdi

la manopla

izlietne

la pileta

birste

el cepillo

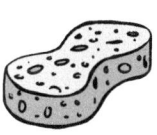

sūklis

la esponja

mikseris

la batidora

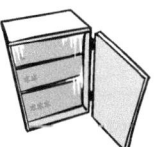

saldētava

el congelador

bērna pudelīte

la mamadera

ūdenskrāns

la canilla

vannas istaba

el baño

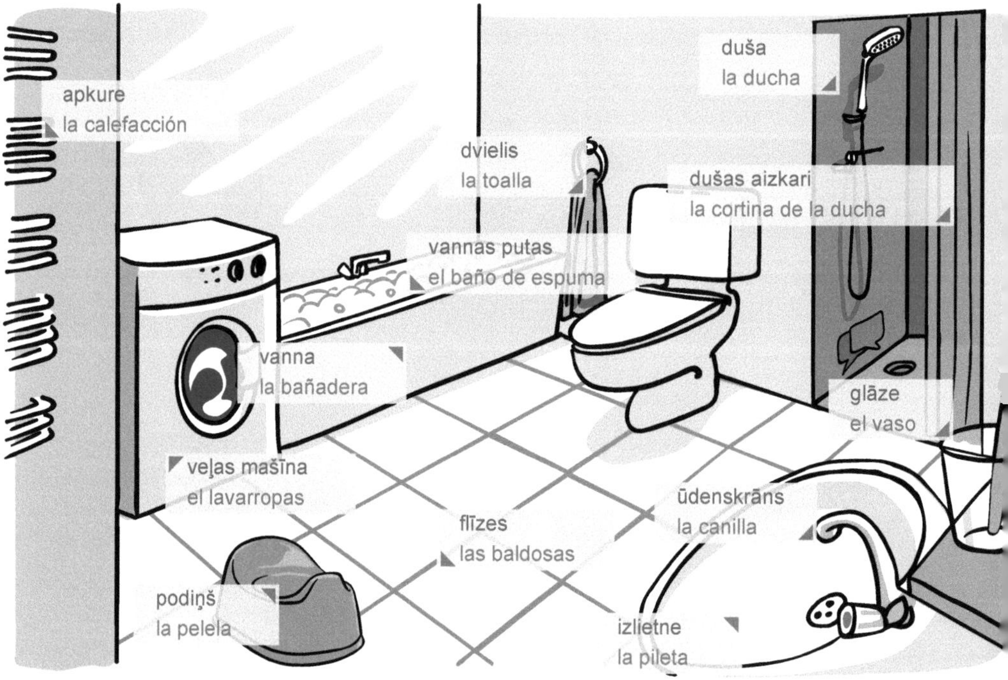

apkure
la calefacción
dvielis
la toalla
duša
la ducha
dušas aizkari
la cortina de la ducha
vannas putas
el baño de espuma
vanna
la bañadera
glāze
el vaso
veļas mašīna
el lavarropas
ūdenskrāns
la canilla
flīzes
las baldosas
podiņš
la pelela
izlietne
la pileta

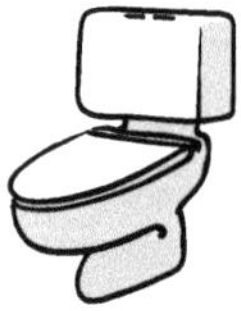

tualetes pods

el inodoro

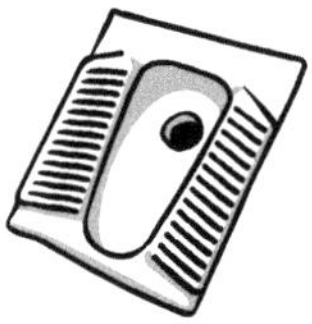

Āzijas tipa tualete

la letrina

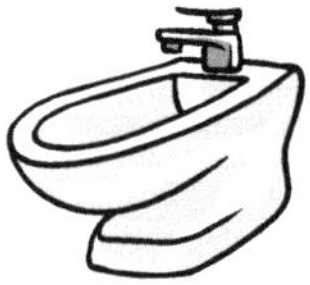

bidē

el bidé

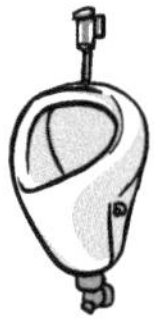

pisuārs

el mingitorio

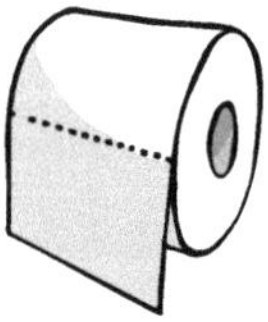

tualetes papīs

el papel higiénico

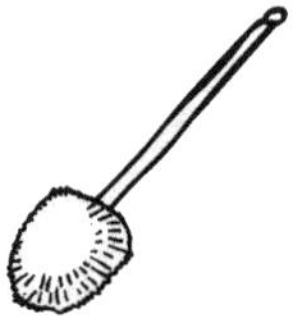

tualetes birste

el cepillo para el inodoro

zobu birste
el cepillo de dientes

zobu pasta
el dentífrico

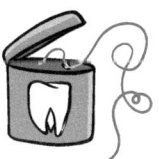

zobu diegs
el hilo dental

mazgāt
lavar

rokas duša
la ducha de mano

duša
la ducha higiénica

bļoda
la palangana

muguras mazgāšanas birste
el cepillo para la espalda

ziepes
el jabón

dušas želeja
el gel de ducha

šampūns
el shampoo

mazgāšanas drāna
la toallita

noteka
el desagüe

krēms
la crema

dezodorants
el desodorante

spogulis

el espejo

spogulītis

el espejito

skuveklis

la maquinita de afeitar

skūšanās putas

la espuma de afeitar

losjons pēc skūšanās

el aftershave

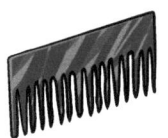

ķemme

el peine

matu suka

el cepillo

matu fēns

el secador de pelo

matu laka

el spray

grima komplekts

el maquillaje

lūpu krāsa

el lápiz de labios

nagulaka

el esmalte para uñas

vate

el algodón

šķērītes

la tijera para uñas

smaržas

el perfume

kosmētikas maks

el portacosméticos

ķeblītis

la banqueta

svari

la balanza

halāts

la bata

tīrīšanas cimdi

los guantes de goma

tampons

el tampón

pakete

la toallita femenina

ķīmiskā tualete

el baño químico

bērnu istaba
el cuarto de los chicos

modinātājs
el despertador
mīkstā rotaļlieta
el peluche
spēļu automašīna
el coche de juguete
grabulis
el sonajero
leļļu māja
la casa de muñecas
dāvana
el regalo

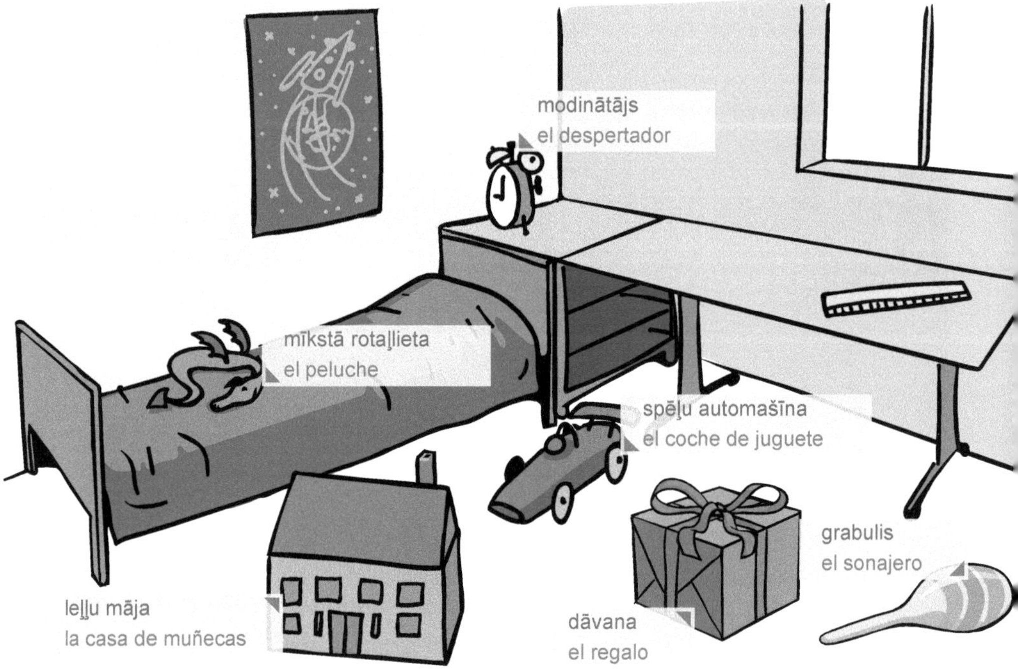

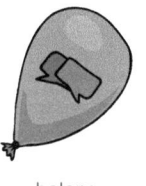

balons

el globo

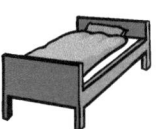

gulta

la cama

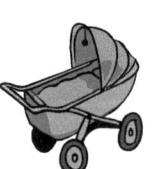

bērnu ratiņi

el cochecito

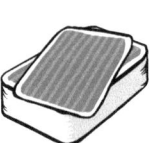

kārtis

las cartas

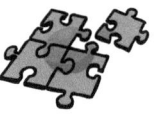

puzle

el rompecabezas

komikss

la historieta

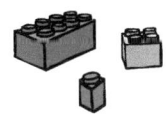

LEGO klucīši

las piezas de lego

klucīši

los ladrillos de juguete

varoņu figūra

la figura de acción

rāpulītis

el enterito (de bebé)

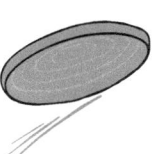

lidojošais šķīvītis

el frisbee

muzikālais karuselis

el móvil para bebés

galda spēle

el juego de mesa

metamais kauliņš

los dados

rotaļu dzelzceļš

el tren eléctrico

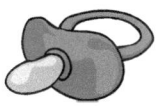

māneklis

el chupete

ballīte

la fiesta

bilžu grāmata

el libro de cuentos ilustrado

bumba

la pelota

lelle

la muñeca

spēlēt

jugar

smilšu kaste

el arenero

šūpoles

la hamaca

rotaļlietas

los juguetes

spēļu konsole

la consola de videojuegos

trīsritenis

el triciclo

plīša lācītis

el osito de peluche

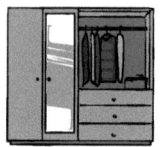

drēbju skapis

el armario

apģērbs

la ropa

īszeķes

las medias

zeķes

las medias panty

zeķbikses

las calzas

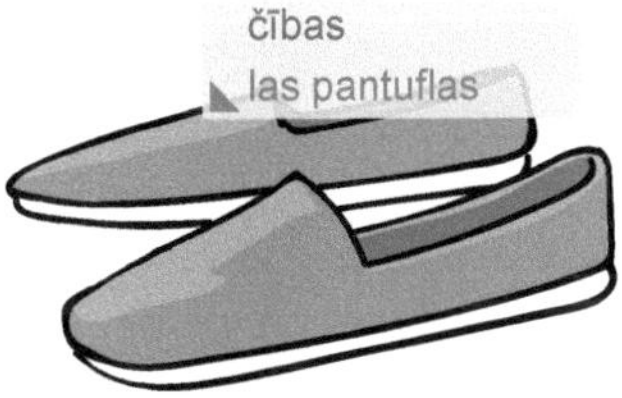

šalle
la bufanda

siksna
el cinturón

lietussargs
el paraguas

T-krekls
la remera

zābaks
las botas

čības
las pantuflas

botas
las zapatillas

sandales
....
las sandalias

kurpes
....
los zapatos

gumijas zābaki
....
las botas de goma

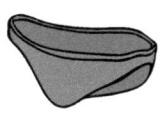

apakšbikses
....
la ropa interior

krūšturis
....
el corpiño

apakškrekls
....
el chaleco

bodijs

el body

bikses

los pantalones

džinsi

los jeans

svārki

la pollera

blūze

la blusa

krekls

la camisa

pulovers

el pulóver

džemperis

el buzo

žakete

el blazer

jaka

la campera

mētelis

el tapado

lietus mētelis

el piloto

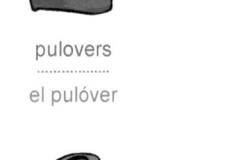

kostīms

el traje

kleita

el vestido

kāzu kleita

el vestido de novia

uzvalks
el traje

naktskrekls
el camisón

pidžama
el pijama

sari
el sari

lakats
el pañuelo para la cabeza

turbāns
el turbante

burka
la burka

kaftāns
el caftán

abaja
la abaya

peldkostīms
el traje de baño

peldbikses
el short de baño

šorti
los shorts

treniņtērps
el jogging

priekšauts
el delantal

cimdi
los guantes

poga

el botón

brilles

los anteojos

rokassprādze

la pulsera

kaklarota

el collar

gredzens

el anillo

auskars

el aro

cepure

la gorra

drēbju pakaramais

la percha

platmale

el sombrero

kaklasaite

la corbata

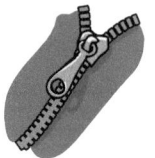

rāvējslēdzējs

el cierre

ķivere

el casco

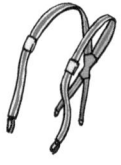

bikšturi

los tiradores

skolas forma

el uniforme escolar

uniforma

el uniforme

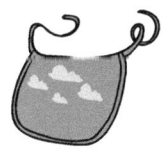

priekšautiņš

el babero

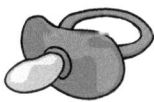

māneklis

el chupete

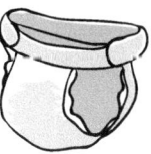

autiņbiksītes

el pañal

birojs
la oficina

serveris
el servidor
dokumentu skapis
el archivero
printeris
la impresora
papīrs
el papel
monitors
el monitor
pele
el mouse
rakstāmgalds
el escritorio
dokumentu vāki
la carpeta
klaviatūra
el teclado
krēsls
la silla
papīrgrozs
el tacho (de basura)
dators
la computadora

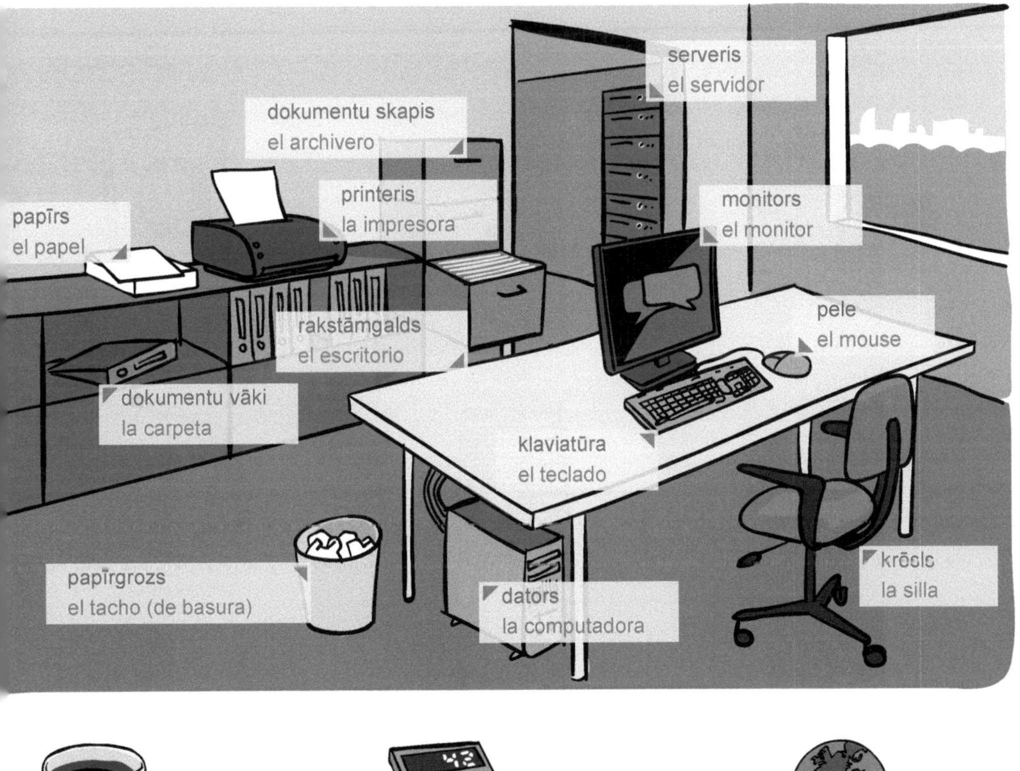

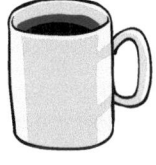

kafijas krūze

la taza de café

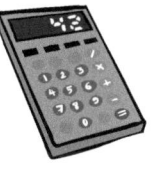

kalkulators

la calculadora

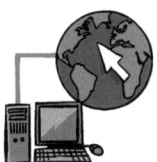

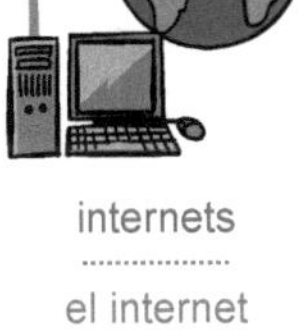

internets

el internet

portatīvais dators

la laptop

vēstule

la carta

ziņa

el mensaje

mobilais tālrunis

el celular

tīkls

la red

kopētājs

la fotocopiadora

programmatūra

el software

telefons

el teléfono

rozete

el tomacorriente

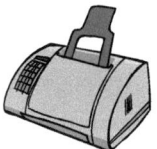

faksa aparāts

el fax

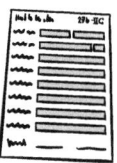

formulārs

el formulario

dokuments

el documento

pirkt

comprar

samaksāt

pagar

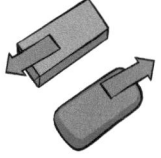

tirgot

hacer negocios

nauda

el dinero

dolārs

el dólar

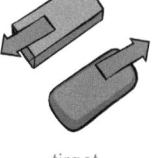

eiro

el euro

jēna

el yen

rublis

el rublo

franks

el franco suizo

juaņa renminbi

el yuan

rūpija

la rupia

bankomāts

el cajero automático

valūtas maiņas punkts

la casa de cambio

zelts

el oro

sudrabs

la plata

nafta

el petróleo

enerģija

la energía

cena

el precio

līgums

el contrato

nodoklis

el impuesto

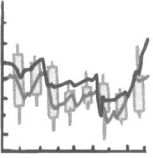

akcija

la acción

strādāt

trabajar

darbinieks

el empleado

darba devējs

el empleador

fabrika

la fábrica

veikals

el negocio

policists
el policía

ugunsdzēsējs
el bombero

pavārs
el cocinero

ārsts
el médico

pilots
el piloto

dārznieks

el jardinero

galdnieks

el carpintero

šuvēja

la modista

tiesnesis

el juez

ķīmiķis

el farmacéutico

aktieris

el actor

autobusa vadītājs

el colectivero

taksometra vadītājs

el taxista

zvejnieks

el pescador

apkopēja

la mucama

jumiķis

el techista

viesmīlis

el mozo

mednieks

el cazador

gleznotājs

el pintor

maiznieks

el panadero

elektriķis

el electricista

celtnieks

el albañil

inženieris

el ingeniero

miesnieks

el carnicero

skārdnieks

el plomero

pastnieks

el cartero

karavīrs

el soldado

arhitekts

el arquitecto

kasieris

el cajero

florists

el florista

frizieris

el peluquero

konduktors

el cobrador

mehāniķis

el mecánico

kapteinis

el capitán

zobārsts

el dentista

zinātnieks

el científico

rabīns

el rabino

imāms

el imán

mūks

el monje

mācītājs

el sacerdote

instrumenti
las herramientas

āmurs
el martillo
knaibles
la tenaza
skrūvgriezis
el destornillador
uzgriežņu atslēga
la llave
kabatas lukturī
la linterna

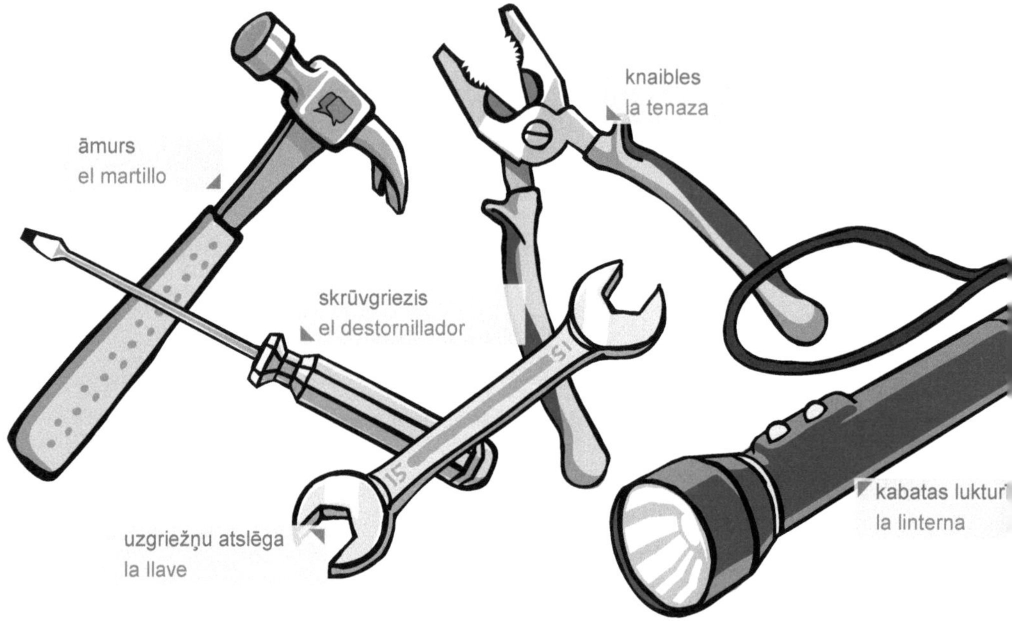

ekskavators
la excavadora

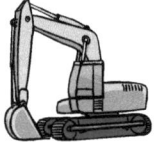

instrumentu kaste
la caja de herramientas

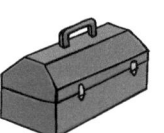

kāpnes
la escalera portátil

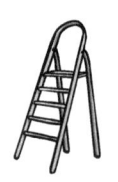

zāģis
la sierra

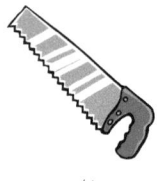

naglas
los clavos

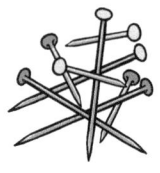

urbis
el taladro

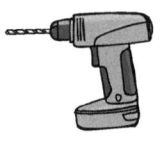

remontēt
arreglar

lāpsta
la pala de jardín

Velns!
¡Qué bronca!

liekšķere
la pala de plástico

krāsas bundža
el tacho de pintura

skrūves
los tornillos

mūzikas instrumenti
los instrumentos musicales

skaļrunis
el parlante

bungas
la batería

ģitāra
la guitarra

kontrabass
el contrabajo

trompete
la trompeta

klavieres

el piano

vijole

el violín

bass

el bajo

timpāni

los timbales

bungas

el tambor

digitālās klavieres

el teclado

saksofons

el saxofón

flauta

la flauta

mikrofons

el micrófono

zooloģiskais dārzs

el zoológico

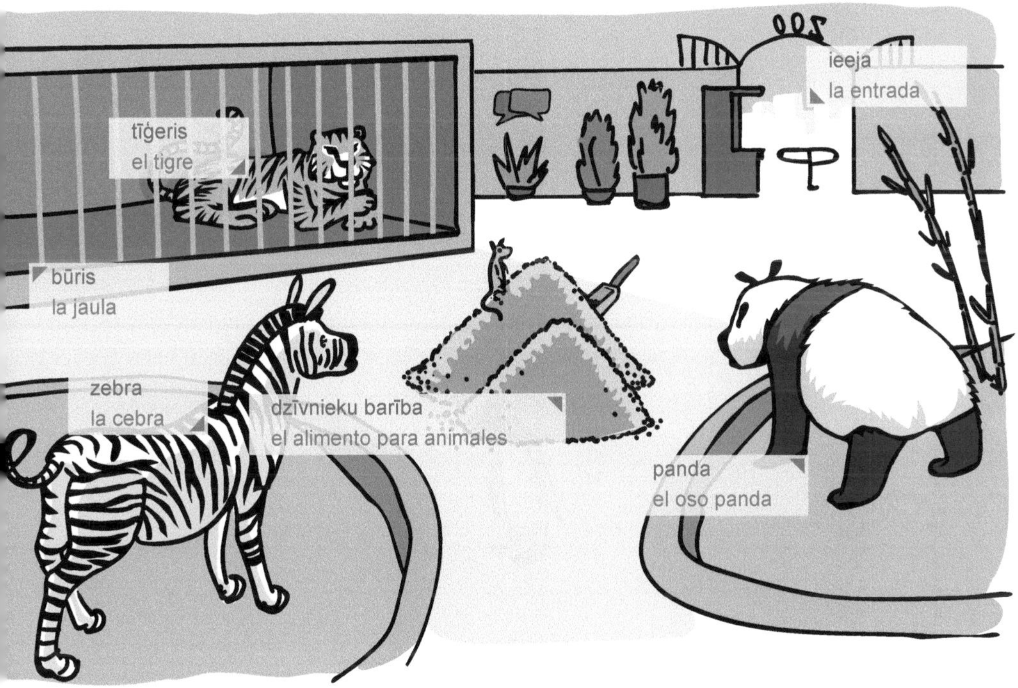
ieeja
la entrada
tīģeris
el tigre
būris
la jaula
zebra
la cebra
dzīvnieku barība
el alimento para animales
panda
el oso panda

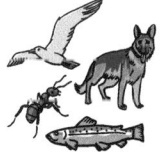

dzīvnieki

los animales

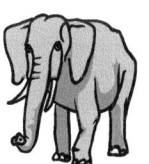

zilonis

el elefante

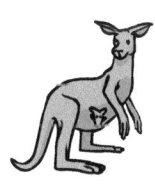

ķengurs

el canguro

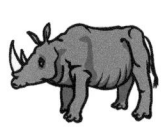

degunradzis

el rinoceronte

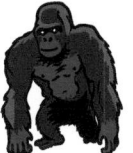

gorilla

el gorila

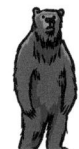

lācis

el oso

kamielis	strauss	lauva
el camello	el avestruz	el león

pērtiķis	flamings	papagailis
el mono	el flamenco	el loro

polārlācis	pingvīns	haizivs
el oso polar	el pingüino	el tiburón

pāvs	čūska	krokodils
el pavo real	la serpiente	el cocodrilo

zoodārza sargs	ronis	jaguārs
el cuidador del zoológico	la foca	el jaguar

ponijs

el poni

leopards

el leopardo

nīlzirgs

el hipopótamo

žirafe

la jirafa

ērglis

el águila

meža cūka

el jabalí

zivs

el pescado

bruņurupucis

la tortuga

valzirgs

la morsa

lapsa

el zorro

gazele

la gacela

amerikāņu futbols
el fútbol americano

riteņbraukšana
el ciclismo

teniss
el tenis

basketbols
el básquet

peldēšana
la natación

bokss
el boxeo

hokejs
el hockey sobre hielo

futbols
el fútbol

badmintons
el bádminton

vieglatlētika
el atletismo

rokas bumba
el handball

slēpošana
el esquí

polo
el polo

darbības
las actividades

smieties
reír
lēkt
saltar
apskaut
abrazar
iet
caminar
dziedāt
cantar
sapņot
soñar
lūgt
rezar
skūpstīt
besar

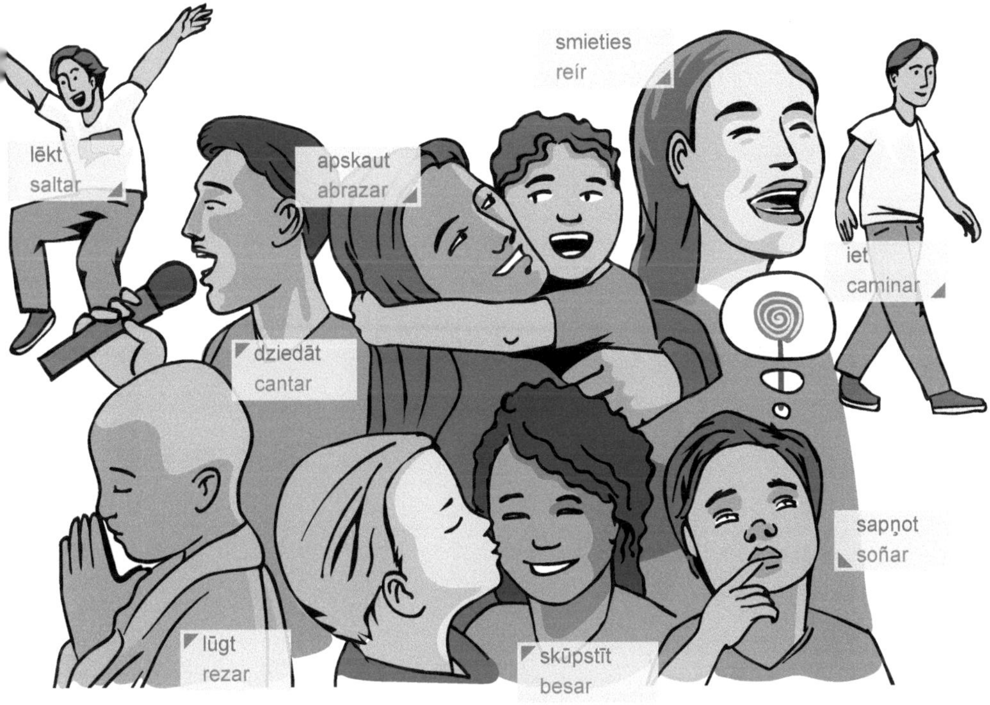

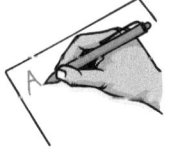

rakstīt

escribir

zīmēt

dibujar

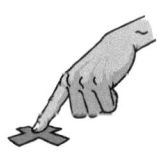

rādīt

mostrar

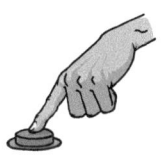

spiest

presionar

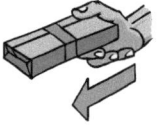

dot

dar

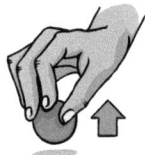

ņemt

tomar

būt
tener

darīt
hacer

būt
ser

stāvēt
estar parado

skriet
correr

vilkt
tirar

mest
tirar

krist
caer

gulēt
estar acostado

gaidīt
esperar

nest
llevar

sēdēt
estar sentado

uzģērbt
vestirse

gulēt
dormir

pamosties
despertar

skatīties

mirar

raudāt

llorar

glāstīt

acariciar

ķemmēt

peinar

runāt

hablar

saprast

entender

jautāt

preguntar

dzirdēt

escuchar

dzert

beber

ēst

comer

sakārtot

ordenar

mīlēt

amar

vārīt

cocinar

braukt

manejar

lidot

volar

burot

navegar

rēķināt

calcular

lasīt

leer

mācīties

aprender

strādāt

trabajar

precēties

casarse

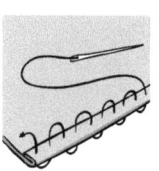

šūt

coser

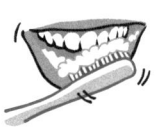

tīrīt zobus

cepillarse los dientes

nogalināt

matar

smēķēt

fumar

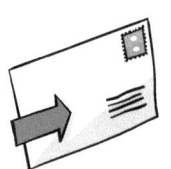

sūtīt

enviar

ģimene
la familia

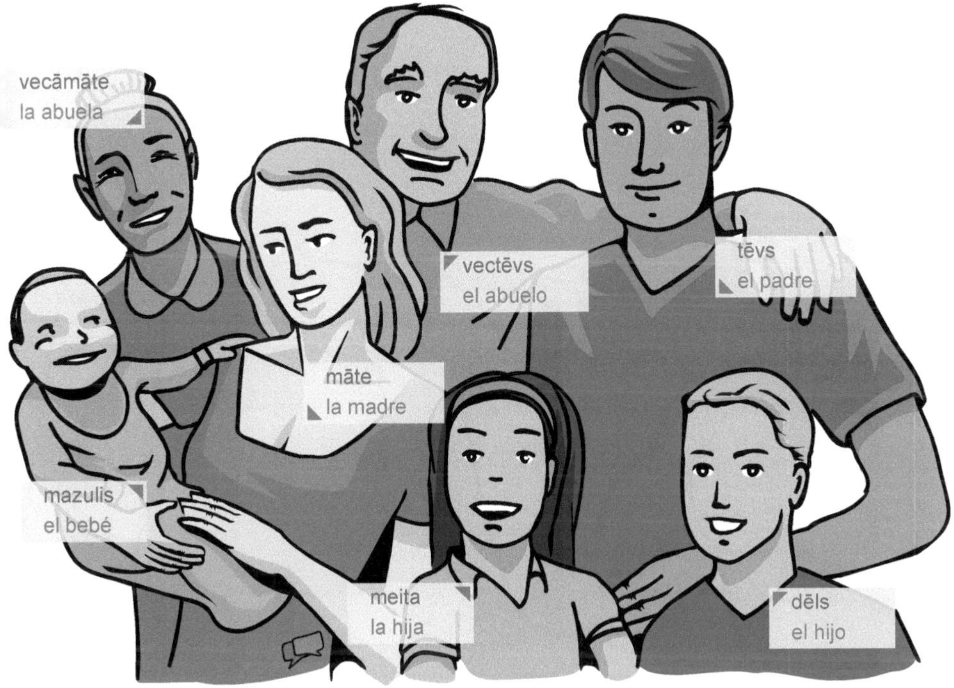

vecāmāte
la abuela
vectēvs
el abuelo
tēvs
el padre
māte
la madre
mazulis
el bebé
meita
la hija
dēls
el hijo

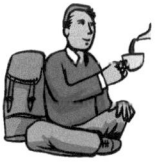

viesis

el invitado

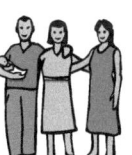

tante

la tía

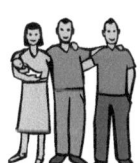

onkulis

el tío

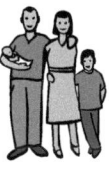

brālis

el hermano

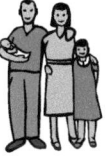

māsa

la hermana

ķermenis
el cuerpo

piere
la frente
acs
el ojo
plecs
el hombro
pirksts
el dedo
seja
la cara
zods
la pera
roka
la mano
kāja
la pierna
krūtis
el pecho
roka
el brazo

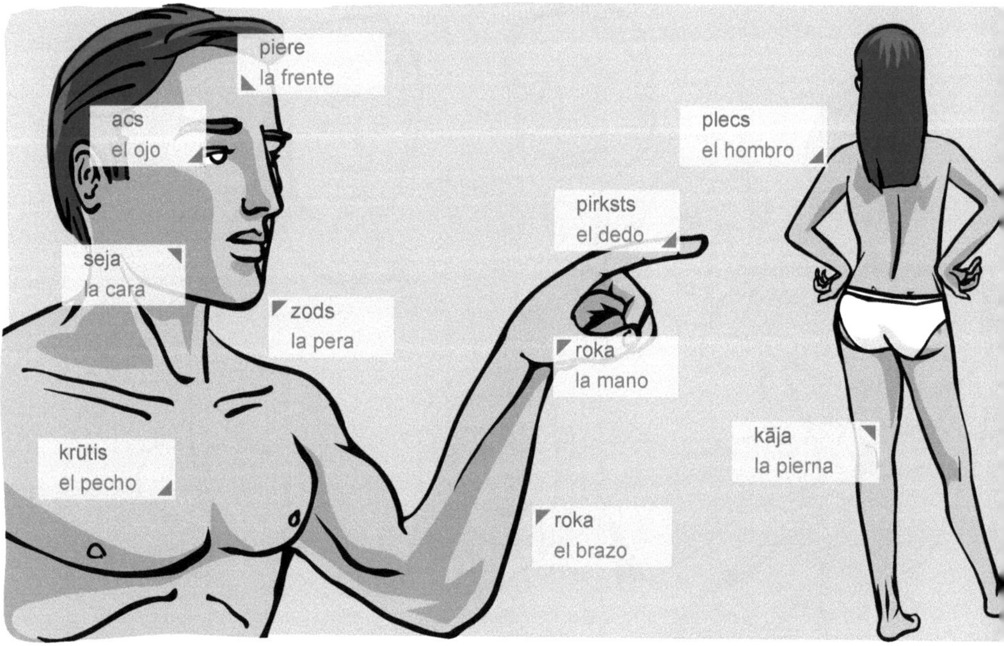

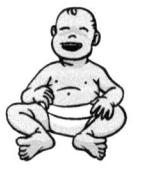

mazulis

el bebé

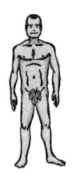

vīrietis

el hombre

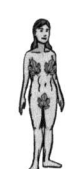

sieviete

la mujer

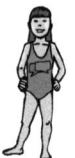

meitene

la nena

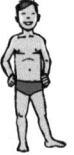

zēns

el nene

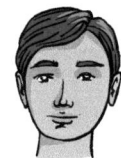

galva

la cabeza

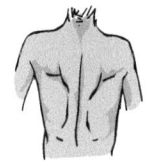

mugura

la espalda

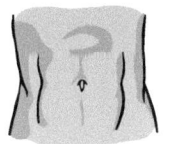

vēders

la panza

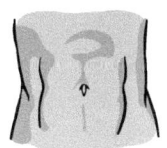

naba

el ombligo

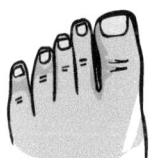

kājas pirksts

el dedo del pie

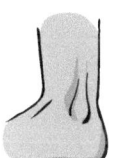

papēdis

el talón

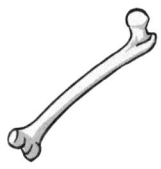

kauls

el hueso

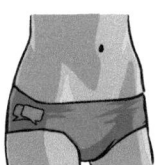

gurns

la cadera

celis

la rodilla

elkonis

el codo

deguns

la nariz

dibens

la cola

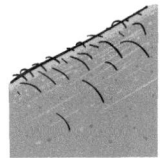

āda

la piel

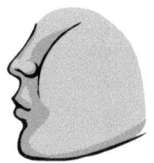

vaigs

el cachete

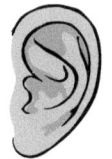

auss

la oreja

lūpa

el labio

mute

la boca

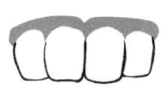

zobs

el diente

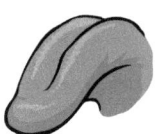

mēle

la lengua

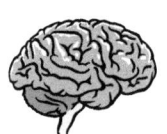

smadzenes

el cerebro

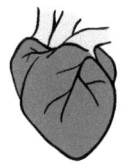

sirds

el corazón

muskulis

el músculo

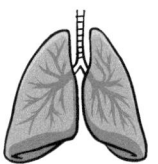

plaušas

el pulmón

aknas

el hígado

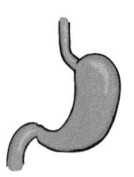

kuņģis

el estómago

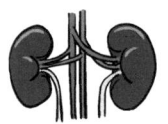

nieres

los riñones

dzimumakts

el sexo

kondoms

el preservativo

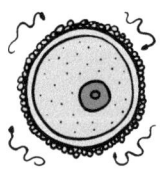

olšūna

el óvulo

sperma

el semen

grūtniecība

el embarazo

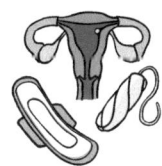

menstruācijas
la menstruación

vagīna
la vagina

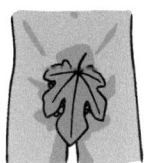

penis
el pene

uzacs
la ceja

mati
el pelo

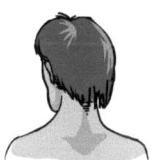

kakls
el cuello

slimnīca

el hospital

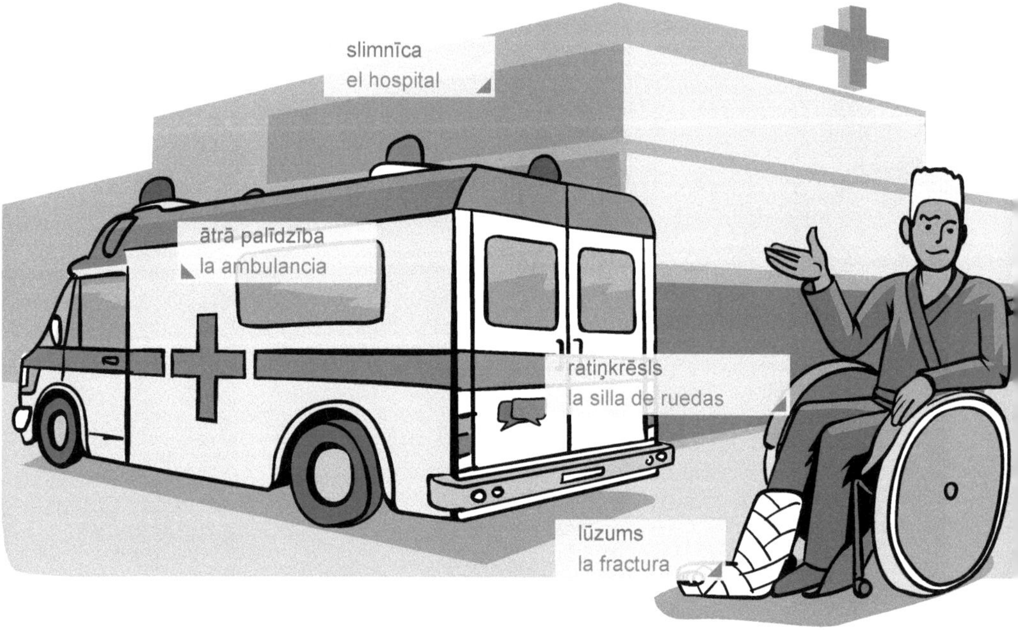

slimnīca
el hospital
ātrā palīdzība
la ambulancia
ratiņkrēsls
la silla de ruedas
lūzums
la fractura

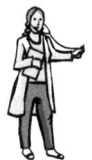

ārsts

el médico

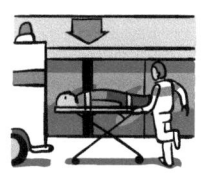

neatliekamās palīdzības nodaļa

la sala de guardia

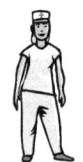

medmāsa

la enfermera

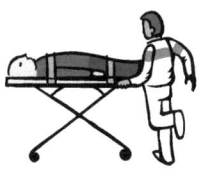

ārkārtas gadījums

la emergencia

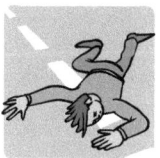

paģībis

inconsciente

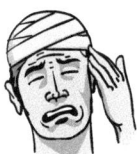

sāpes

el dolor

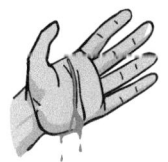

ievainojums

la lesión

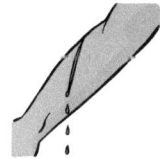

asiņošana

la hemorragia

sirdslēkme

el infarto

insults

el ACV

alerģija

la alergia

klepus

la tos

temperatūra

la fiebre

gripa

la gripe

caureja

la diarrea

galvassāpes

el dolor de cabeza

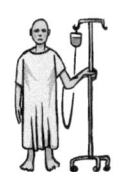

vēzis

el cáncer

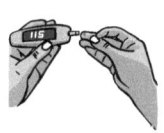

diabēts

la diabetes

ķirurgs

el cirujano

skalpelis

el bisturí

operācija

la operación

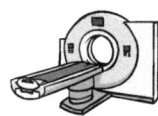

datortomogrāfija

la TC

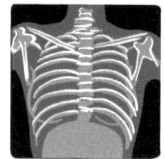

rentgents

los rayos x

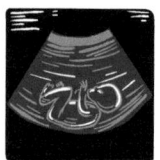

ultraskaņa

la ecografía

sejas maska

el barbijo

slimība

la enfermedad

uzgaidāmā telpa

la sala de espera

kruķis

la muleta

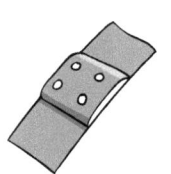

plāksteris

la curita

apsējs

la venda

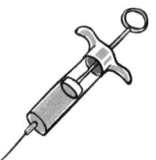

injekcija

la inyección

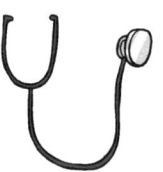

stetoskops

el estetoscopio

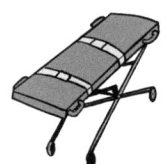

nestuves

la camilla

termometrs

el termómetro

dzemdības

el nacimiento

liekais svars

el sobrepeso

dzirdes aparāts
el audífono

dezinfekcijas līdzeklis
el desinfectante

infekcija
la infección

vīruss
el virus

HIV / AIDS
el VIH / SIDA

zāles
el remedio

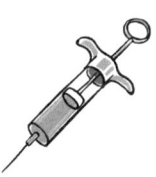

pote
la vacunación

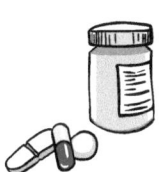

tabletes
los comprimidos

pretapaugļošanās tablete
la pastilla anticonceptiva

ārkārtas izsaukums
llamada de emergencia

asinsspiediena mērītājs
el tensiómetro

slims / vesels
enfermo / sano

Palīgā!

¡Ayuda!

trauksme

la alarma

uzbrukums

la agresión

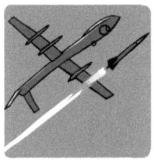

uzbrukums

el ataque

bīstamība

el peligro

avārijas izeja

la salida de emergencia

Uguns!

¡Fuego!

ugunsdzēšamais aparāts

el matafuego

negadījums

el accidente

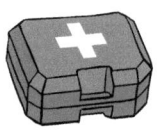

pirmās palīdzības aptieciņa

el botiquín de primeros
auxilios

SOS

el SOS

policija

la policía

Eiropa
Europa

Ziemeļamerika
América del Norte

Dienvidamerika
América del Sur

Āfrika
África

Āzija
Asia

Austrālija
Australia

Atlantijas okeāns
el Atlántico

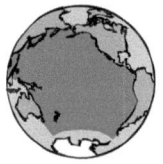

Klusais okeāns
el Pacífico

Indijas okeāns
el Océano Índico

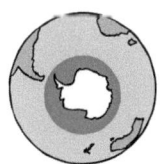

Dienvidu okeāns
el Océano Antártico

Ziemeļu ledus okeāns
el Océano Ártico

Ziemeļpols
el polo norte

Dienvidpols

el polo sur

Antarktika

la Antártida

zeme

la Tierra

zeme

la tierra

jūra

el mar

sala

la isla

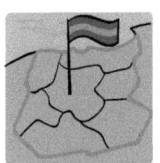

nācija

la nación

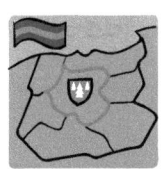

valsts

el estado

ciparnīca

la esfera

stundu rādītājs

la manecilla de las horas

minūšu rādītājs

el minutero

sekunžu rādītājs

el segundero

Cik ir pulkstenis?

¿Qué hora es?

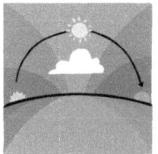

diena

el día

laiks

la hora

tagad

ahora

digitālais pulkstenis

el reloj digital

minūte

el minuto

stunda

la hora

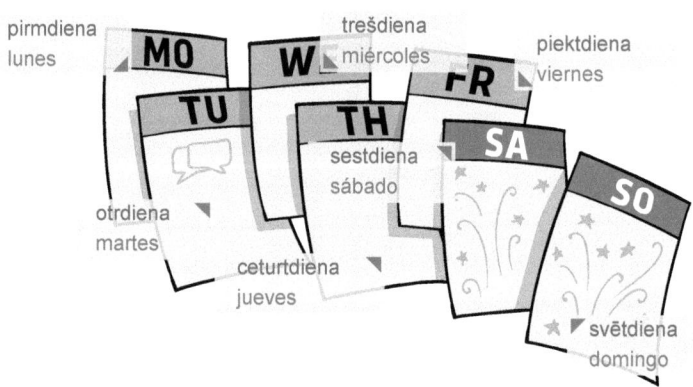

pirmdiena / lunes
trešdiena / miércoles
piektdiena / viernes
otrdiena / martes
sestdiena / sábado
ceturtdiena / jueves
svētdiena / domingo

vakardien
ayer

šodien
hoy

rītdien
mañana

rīts
la mañana

pusdienlaiks
el mediodía

vakars
la tarde

darbadienas
los días hábiles

brīvdienas
el fin de semana

gads
el año

lietus
la lluvia
varavīksne
el arco iris
sniegs
la nieve
vējš
el viento
pavasaris
la primavera
rudens
el otoño
vasara
el verano
ziema
el invierno

4.APRIL 11°
5.APRIL 4°
6.APRIL 13°
7.APRIL 8°
8.APRIL 10°

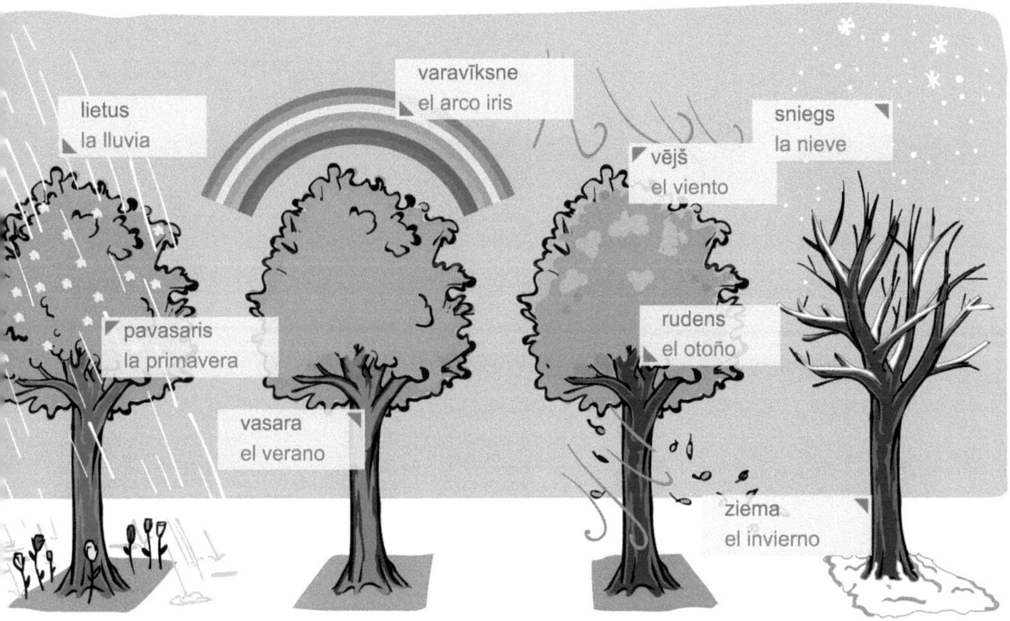

laika prognoze

pronóstico meteorológico

F C
120 90 60 30 0 -30
40 30 20 10 0 -10 -20

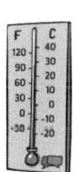

termometrs

el termómetro

saules gaisma

la luz del sol

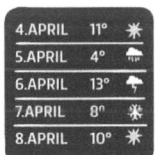

mākonis

la nube

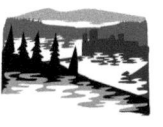

migla

la niebla

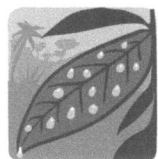

gaisa mitrums

la humedad

zibens

el rayo

pērkons

el trueno

vētra

la tormenta

krusa

el granizo

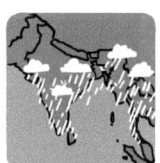

musons

el monzón

plūdi

la inundación

ledus

el hielo

janvāris

enero

februāris

febrero

marts

marzo

aprīlis

abril

maijs

mayo

jūnijs

junio

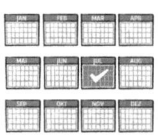

jūlijs

julio

augusts

agosto

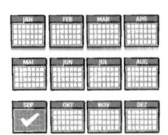

septembris

septiembre

oktobris

octubre

novembris

noviembre

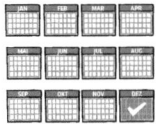

decembris

diciembre

formas

las formas

aplis

el círculo

kvadrāts

el cuadrado

četrstūris

el rectángulo

trīsstūris

el triángulo

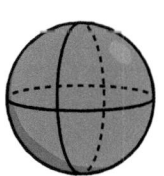

lode

la esfera

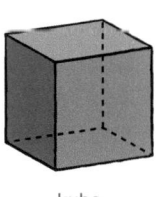

kubs

el cubo

balts

blanco

dzeltens

amarillo

oranžs

naranja

sārts

rosa

sarkans

rojo

lillā

violeta

zils

azul

zaļš

verde

brūns

marrón

pelēks

gris

melns

negro

daudz / maz

mucho / poco

saniknots / miermīlīgs

enojado / tranquilo

skaists / neglīts

lindo / feo

sākums / beigas

el principio / el fin

liels / mazs

grande / chico

gaišs / tumšs

claro / oscuro

brālis / māsa

l hermano / la hermana

tīrs / netīrs

limpio / sucio

pilnīgs / nepilnīgs

completo / incompleto

diena / nakts

el día / la noche

miris / dzīvs

muerto / vivo

plats / šaurs

ancho / angosto

baudāms / nebaudāms

comestible / no comestible

nikns / laipns

malo / amable

satraukts / garlaikots

entusiasmado / aburrido

resns / tievs

gordo / flaco

pirmais /pēdējais

primero / último

draugs / ienaidnieks

el amigo / el enemigo

pilns / tukšs

lleno / vacío

ciets / mīksts

duro / blando

smags / viegls

pesado / liviano

izsalkums / slāpes

el hambre / la sed

slims / vesels

enfermo / sano

nelegāls / legāls

ilegal / legal

inteliģents / dumjš

inteligente / estúpido

kreisais / labais

izquierda / derecha

tuvu / tālu

cerca / lejos

jauns / lietots
nuevo / usado

nekas / kaut kas
nada / algo

vecs / jauns
viejo / joven

ieslēgts / izslēgts
encendido / apagado

atvērts / slēgts
abierto / cerrado

kluss / skaļš
silencioso / ruidoso

bagāts / nabags
rico / pobre

pareizi / nepareizi
correcto / incorrecto

raupjš / gluds
áspero / suave

noskumis / laimīgs
triste / contento

īss / garš
corto / largo

lēns / ātrs
lento / rápido

slapjš / sauss
mojado / seco

silts / vēss
caliente / frío

karš / miers
guerra / paz

0

nulle

cero

1

viens

uno

2

divi

dos

3

trīs

tres

4

četri

cuatro

5

pieci

cinco

6

seši

seis

7

septiņi

siete

8

astoņi

ocho

9

deviņi

nueve

10

desmit

diez

11

vienpadsmit

once

12

divpadsmit
doce

13

trīspadsmit
trece

14

četrpadsmit
catorce

15

piecpadsmit
quince

16

sešpadsmit
dieciséis

17

septiņpadsmit
diecisiete

18

astoņpadsmit
dieciocho

19

deviņpadsmit
diecinueve

20

divdesmit
veinte

100

simts
cien

1.000

tūkstotis
mil

1.000.000

miljons
el millón

anglu
el inglés

amerikāņu anglu
el inglés americano

ķīniešu mandarīnu valoda
el chino mandarín

hindi
el hindi

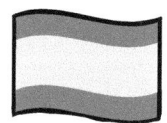

spāņu
el español

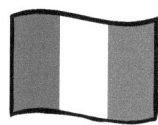

franču
el francés

arābu
el árabe

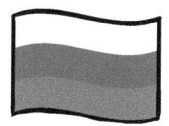

krievu
el ruso

portugāļu
el portugués

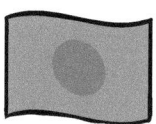

bengāļu
el bengalí

vācu
el alemán

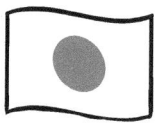

japāņu
el japonés

es
yo

tu
vos

viņš / viņa
él / ella

mēs
nosotros

jūs
ustedes

viņi / viņas
ellos

kas?
¿quién?

ko?
¿qué?

kā?
¿cómo?

kur?
¿dónde?

kad?
¿cuándo?

vārds
el nombre

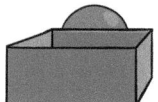

aiz
....
detrás

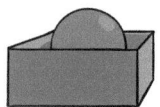

iekšā
....
en

priekšā
....
adelante de

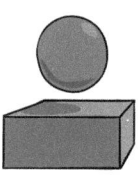

virs
....
por encima de

uz
....
sobre

zem
....
debajo de

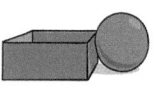

blakus
....
al lado de

starp
....
entre

vieta
....
el lugar